AF188096

Impressum
Verlag: BABADADA GmbH, Nedderfeld 112 , 22529 Hamburg
Geschäftsführer / Verlagsleitung: Harald Hof
Druck: Books on Demand GmbH, In de Tarpen 42, 22848 Norderstedt

Imprint
Publisher: BABADADA GmbH, Nedderfeld 112 , 22529 Hamburg, Germany
Managing Director / Publishing direction: Harald Hof
Print: Books on Demand GmbH, In de Tarpen 42, 22848 Norderstedt, Germany

skole

学校

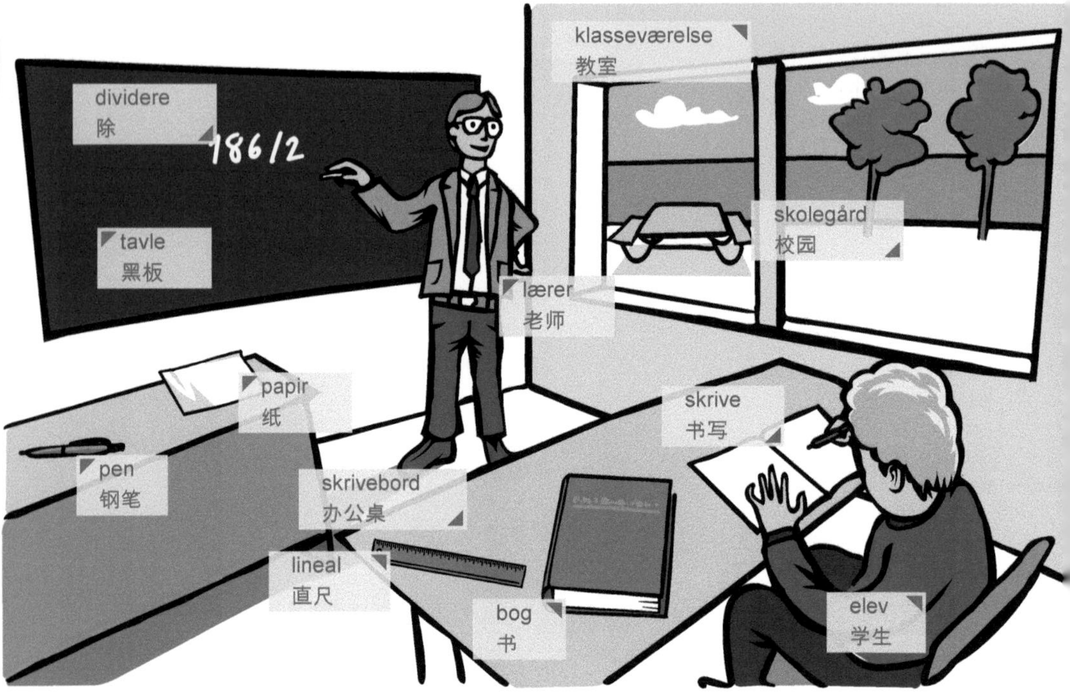
klasseværelse
教室
dividere
除
186/2
tavle
黑板
skolegård
校园
lærer
老师
papir
纸
skrive
书写
pen
钢笔
skrivebord
办公桌
lineal
直尺
bog
书
elev
学生

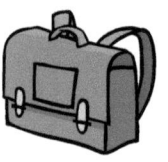

skoletaske
书包

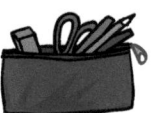

penalhus
铅笔盒

blyant
铅笔

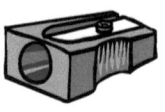

blyantspidser
卷笔刀

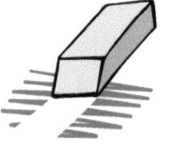

viskelæder
橡皮擦

tegneblok
画板

tegning

图画

pensel

画笔

æske med vandfarver

颜料盒

saks

剪刀

lim

胶水

opgavehefte

练习册

lektie

家庭作业

tal

数字

2+2

addere

加

subtrahere

减

multiplicere

乘

regne

计算

A

bogstav

字母

ABCDEFG HIJKLMN OPQRSTU VWXYZ

alfabet

字母表

hello

ord

字

tekst

课文

læse

读

kridt

粉笔

time

上课

klasseprotokol

登记

eksamen

考试

karakterbog

证书

skoleuniform

校服

uddannelse

教育

leksikon

百科全书

universitet

大学

mikroskop

显微镜

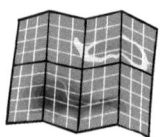

kort

地图

papirkurv

废纸筐

rejse
旅行

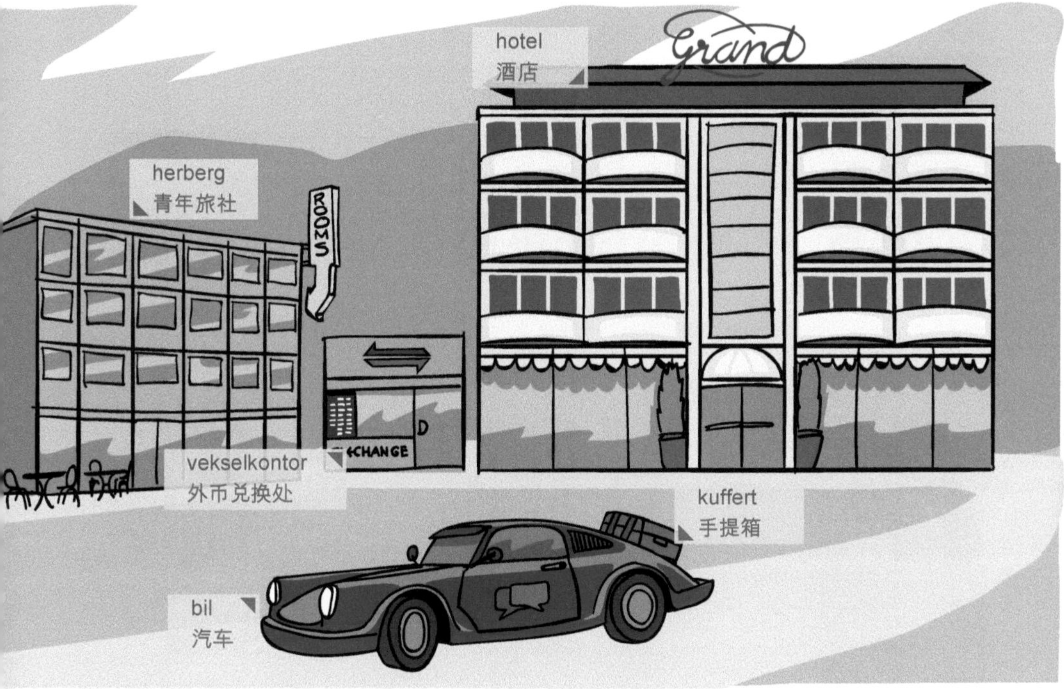
hotel
酒店
Grand
herberg
青年旅社
ROOMS
EXCHANGE
vekselkontor
外币兑换处
kuffert
手提箱
bil
汽车

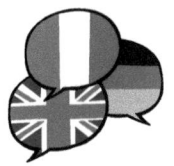

sprog
语言

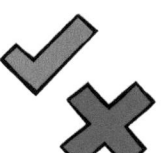

ja / nej
是/否

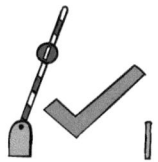

okay
好的

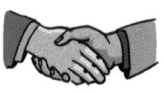

hej
您好

oversætter
翻译员

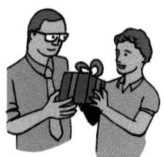

tak
谢谢

hvad koster...?

......多少钱？

Jeg forstår ikke

我不明白

problem

问题

God aften!

晚上好！

God morgen!

早上好！

God nat!

晚安！

farvel

再见

retning

方向

bagage

行李

taske

包

rygsæk

双肩包

gæst

客人

værelse

房间

sovepose

睡袋

telt

帐篷

turistinformation

旅游信息

strand

海滩

kreditkort

信用卡

morgenmad

早餐

middagsmad

午餐

aftensmad

晚餐

billet

票

elevator

电梯

frimærke

邮票

grænse

边界

told

海关

ambassade

大使馆

visum

签证

pas

护照

transport

交通运输

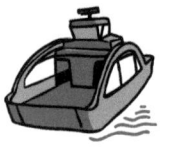

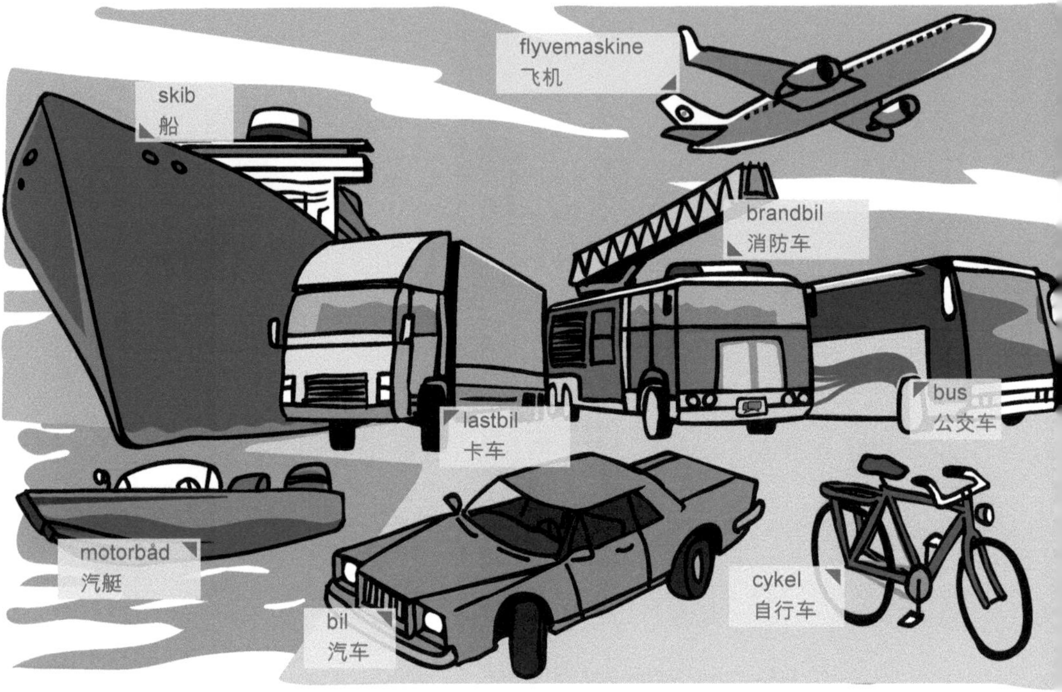
flyvemaskine
飞机
skib
船
brandbil
消防车
bus
公交车
lastbil
卡车
motorbåd
汽艇
cykel
自行车
bil
汽车

færge
摆渡船

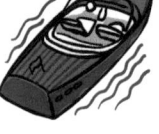

båd
小船

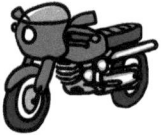

motorcykel
摩托车

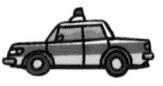

politibil
警车

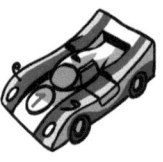

racerbil
赛车

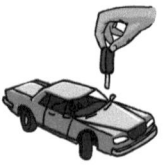

lejebil
租车

samkørsel

拼车

kranbil

拖车

skraldebil

垃圾车

motor

发动机

benzin

汽油

tankstation

加油站

trafikskilt

交通标志

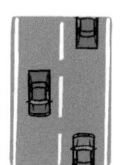

trafik

交通

trafikprop

交通堵塞

parkeringsplads

停车场

banegård

火车站

skinner

轨道

tog

火车

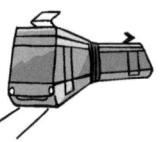

sporvogn

电车

wagon

货车

helikopter

直升机

lufthavn

机场

tårn

塔

passager

乘客

container

集装箱

karton

纸板箱

kærre

手推车

kurv

篮子

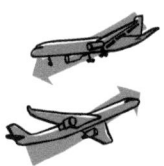

starte / lande

起飞/降落

by

城市

landsby

村庄

bymidte

市中心

hus

房子

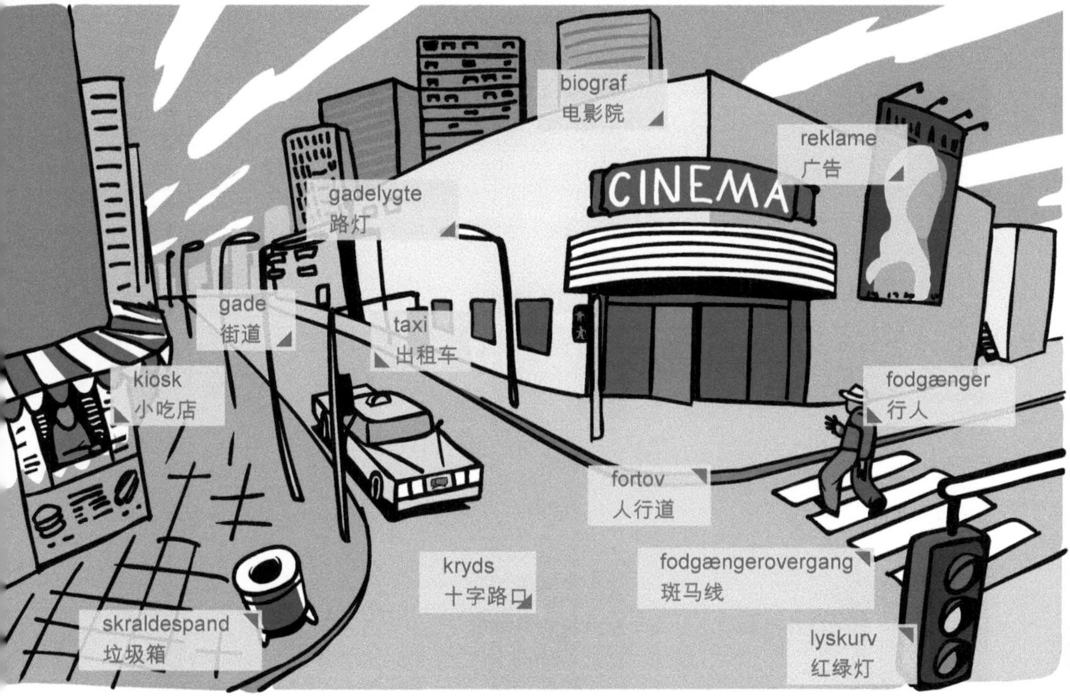
biograf
电影院
reklame
广告
CINEMA
gadelygte
路灯
gade
街道
taxi
出租车
kiosk
小吃店
fodgænger
行人
fortov
人行道
kryds
十字路口
fodgængerovergang
斑马线
skraldespand
垃圾箱
lyskurv
红绿灯

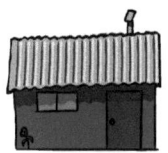

hytte

小屋

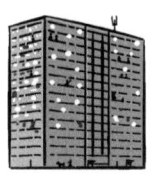

lejlighed

公寓

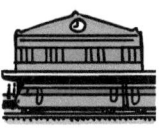

banegård

火车站

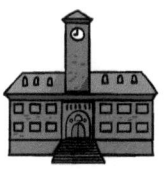

rådhus

市政厅

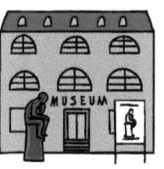

museum

博物馆

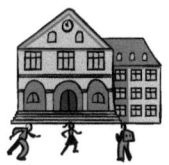

skole

学校

universitet

大学

bank

银行

sygehus

医院

hotel

酒店

apotek

药房

kontor

办公室

boghandel

书店

butik

商店

blomsterbutik

花店

supermarked

超市

marked

市场

stormagasin

百货商店

fiskehandler

鱼店

butikscenter

购物中心

havn

海港

park

公园

bænk

长凳

bro

桥

trappe

楼梯

undergrundsbane

地铁

tunnel

隧道

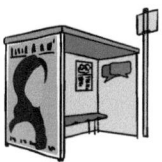

busstoppested

公交车站

barnevogn

酒吧

restaurant

餐馆

postkasse

邮筒

vejskilt

路标

parkometer

停车计时器

zoo

动物园

badeanstalt

游泳馆

moske

清真寺

bondegård

农场

miljøforurening

污染

kirkegård

墓地

kirke

教堂

legeplads

操场

tempel

寺庙

landskab
地形

blad
树叶

vejviser
指示牌

vej
路

eng
草地

sten
石头

træ
树

vandrer
徒步旅行
者

flod
河

græs
草

blomst
花

dal

峡谷

bjerg

山

sø

湖

skov

森林

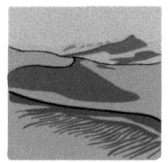

ørken

沙漠

vulkan

火山

slot

城堡

regnbue

彩虹

svamp

蘑菇

palme

棕榈树

moskito

蚊子

flue

苍蝇

myre

蚂蚁

bi

蜜蜂

edderkop

蜘蛛

bille

甲虫

frø

青蛙

egern

松鼠

pindsvin

刺猬

hare

野兔

ugle

猫头鹰

fugl

鸟

svane

天鹅

vildsvin

野猪

hjort

鹿

elg

麋鹿

dæmning

水坝

vindmølle

风力发电机

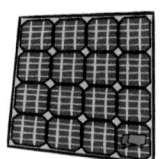

solcellemodul

太阳能电池板

klima

气候

restaurant
餐馆

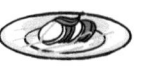

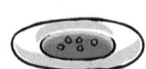

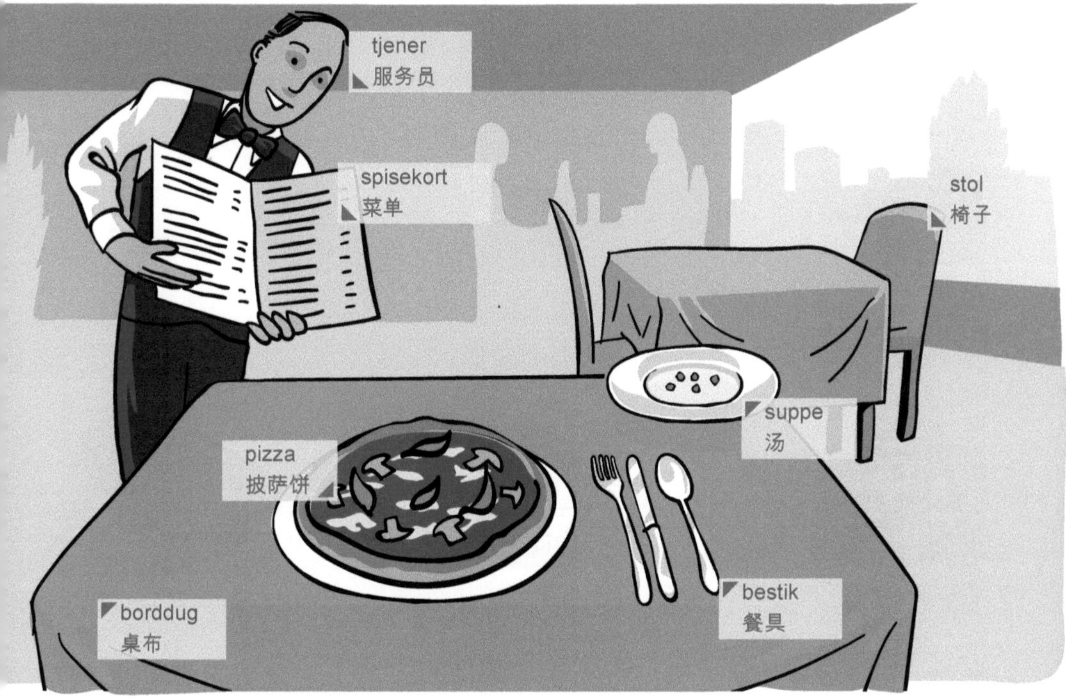
tjener
服务员
spisekort
菜单
stol
椅子
suppe
汤
pizza
披萨饼
bestik
餐具
borddug
桌布

forret

前菜

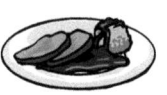

hovedret

主菜

dessert

甜点

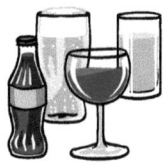

drikkevarer

饮料

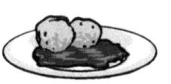

mad

食物

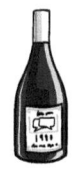

flaske

瓶子

fastfood

快餐

streetfood

街边小吃

tekande

茶壶

sukkerdåse

糖盒

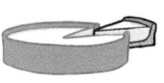

portion

一份饭菜

espressomaskine

意式咖啡机

barnestol

高脚椅

faktura

账单

tablet

托盘

kniv

刀

gaffel

餐叉

ske

勺子

teske

茶匙

serviet

餐巾

glas

玻璃杯

tallerken

碟子

dyb tallerken

汤盘

underkop

碟子

sovs

酱

saltbøsse

盐瓶

peberkværn

胡椒磨

eddike

醋

olie

食用油

krydderier

调味料

ketchup

番茄酱

sennep

芥末

mayonnaise

蛋黄酱

supermarked

超市

tilbud
特价
FOR
kunde
顾客
mælkeprodukter
乳制品
frugt
水果
indkøbsvogn
购物车

BUTCHERS

slagter

肉铺

BAKERY

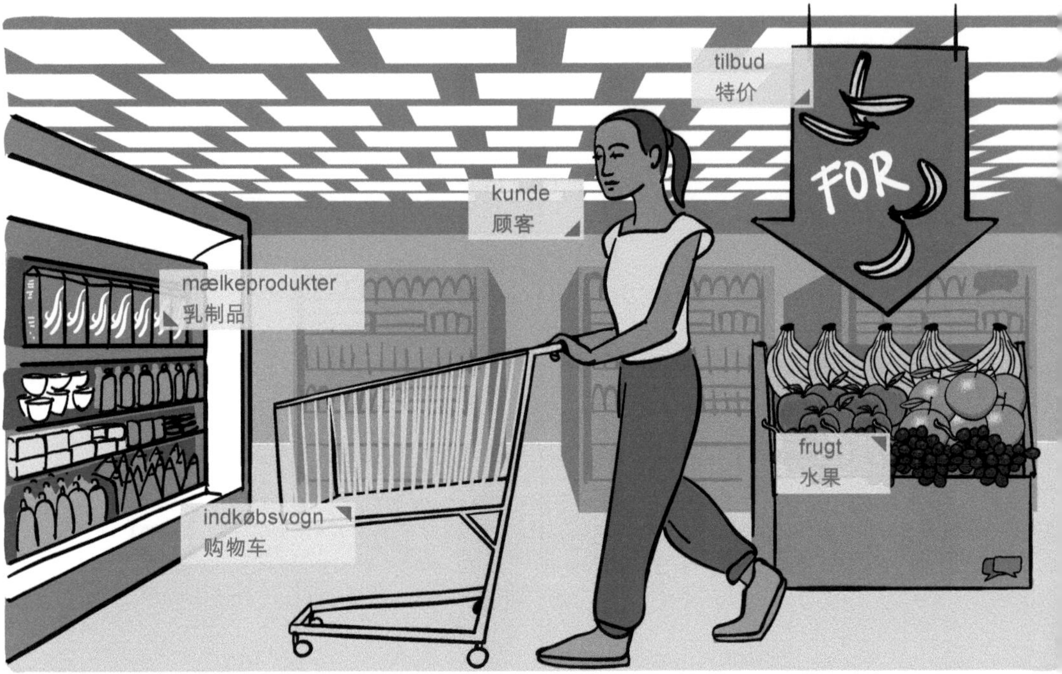

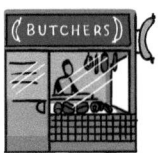

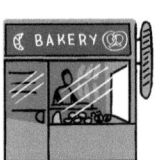

bageri

面包房

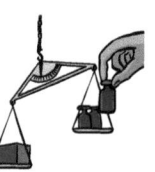

veje

称重

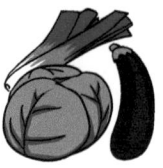

grøntsager

蔬菜

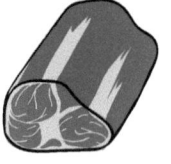

kød

肉

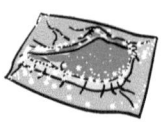

frostvarer

冷冻食品

pålæg

冷盘

konserves

罐头食品

vaskemiddel

洗衣粉

slik

甜食

husholdningsvarer

日用品

rengøringsmidler

清洁用品

ekspedient

销售员

kasse

收银机

kasserer

收银员

indkøbsliste

购物清单

åbningstider

开放时间

tegnebog

钱包

kreditkort

信用卡

taske

袋子

plasticpose

塑料袋

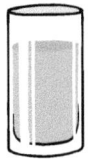

vand

水

saft

果汁

mælk

牛奶

cola

可乐

vin

红酒

øl

啤酒

alkohol

酒

kakao

可可

te

茶

kaffe

咖啡

espresso

意式浓缩咖啡

cappuccino

卡布奇诺

banan

香蕉

æble

苹果

appelsin

橙子

melon

西瓜

citron

柠檬

gulerod

胡萝卜

hvidløg

大蒜

bambus

竹子

løg

洋葱

svamp

蘑菇

nødder

坚果

nudler

面条

spaghetti

意大利面条

ris

米饭

salat

沙拉

pomfritter

薯条

stegte kartofler

炸土豆

pizza

披萨饼

hamburger

汉堡包

sandwich

三明治

schnitzel

炸猪排

skinke

火腿

salami

萨拉米

pølse

香肠

kylling

鸡肉

steg

烤肉

fisk

鱼

havregryn

燕麦片

mysli

穆兹利

cornflakes

玉米片

mel

面粉

croissant

羊角面包

rundstykke

面包卷

brød

面包

toast

烤面包

kiks

饼干

smør

黄油

kvark

凝乳

kage

蛋糕

æg

蛋

spejlæg

煎蛋

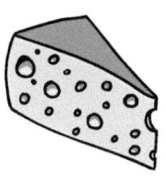

ost

奶酪

is

冰激凌

sukker

糖

honning

蜂蜜

marmelade

果酱

nougat-creme

巧克力酱

karry

咖喱饭

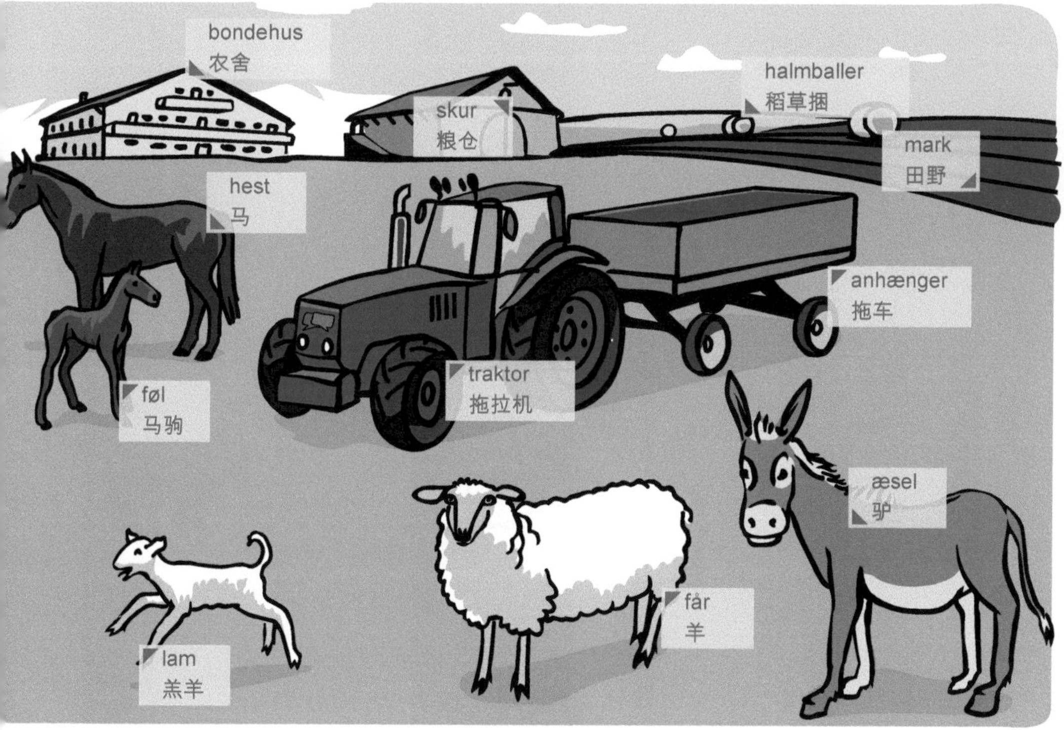

bondehus
农舍

halmballer
稻草捆

skur
粮仓

mark
田野

hest
马

anhænger
拖车

føl
马驹

traktor
拖拉机

æsel
驴

lam
羔羊

får
羊

ged

山羊

ko

奶牛

kalv

牛犊

svin

猪

gris

小猪

tyr

公牛

gås

鹅

and

鸭

kylling

小鸡

høne

母鸡

hane

公鸡

rotte

鼠

kat

猫

mus

老鼠

okse

牛

hund

狗

hundehus

狗屋

haveslange

花园浇水软管

vandkande

洒水壶

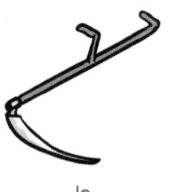

le

长柄大镰刀

plov

犁

segl

镰刀

hakkejern

锄头

møggreb

长柄草耙

økse

斧头

trillebør

独轮手推车

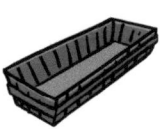

trug

饲料槽

mælkekande

牛奶罐

sæk

麻布袋

hæk

栅栏

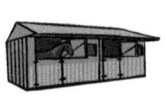

stald

马厩

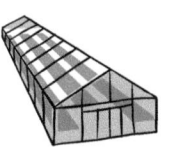

drivhus

温室

jord

土壤

frø

种子

gødning

肥料

mejetærsker

联合收割机

høste

收割

høst

收割

yams

山药

hvede

小麦

soja

大豆

kartoffel

土豆

majs

玉米

raps

油菜籽

frugttræ

果树

maniok

树薯

korn

谷物

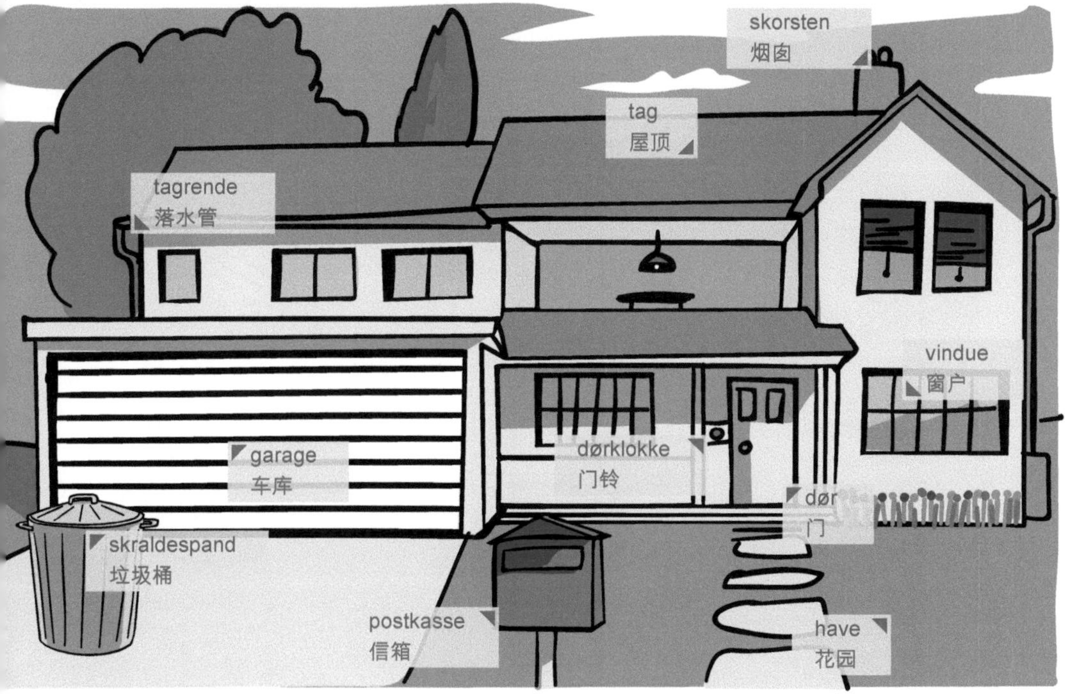

skorsten
烟囱

tag
屋顶

tagrende
落水管

vindue
窗户

garage
车库

dørklokke
门铃

dør
门

skraldespand
垃圾桶

postkasse
信箱

have
花园

stue

客厅

badeværelse

浴室

køkken

厨房

soveværelse

卧室

børneværelse

儿童房

spisestue

餐厅

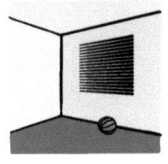

gulv

地板

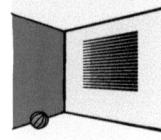

væg

墙壁

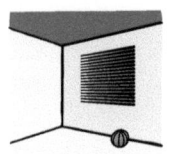

loft

吊顶

kælder

地窖

sauna

桑拿

altan

阳台

terrasse

露台

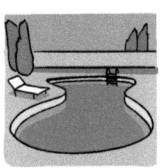

svømmehal

游泳池

plæneklipper

割草机

dynebetræk

被单

dyne

床罩

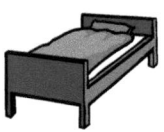

seng

床

kost

扫帚

spand

水桶

kontakt

开关

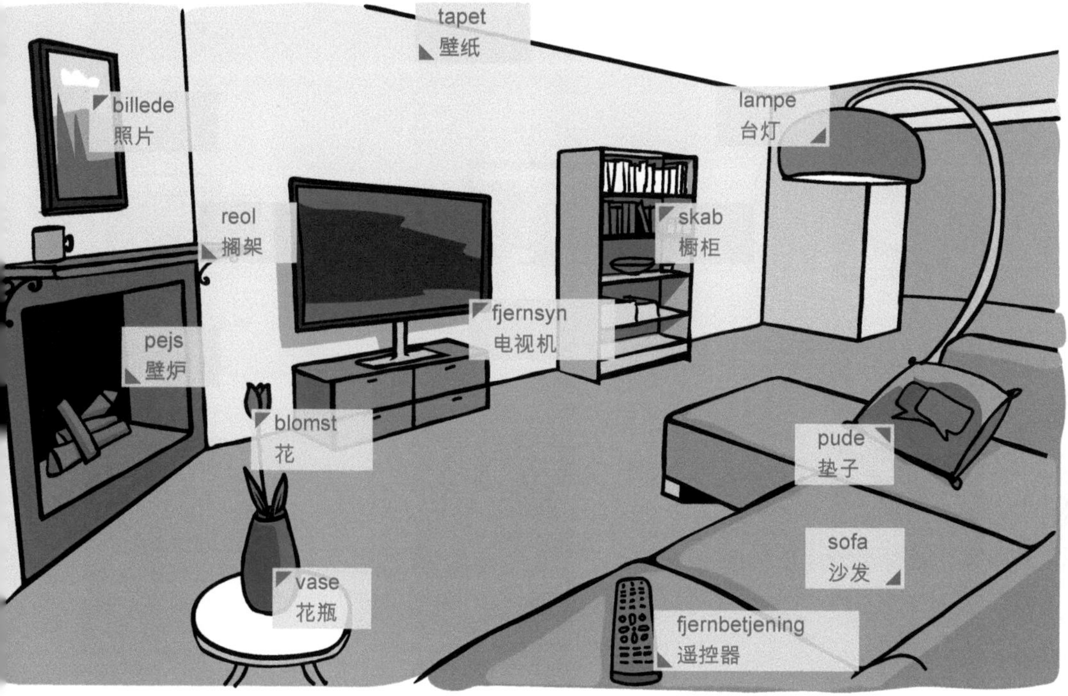

tapet
壁纸

billede
照片

lampe
台灯

reol
搁架

skab
橱柜

pejs
壁炉

fjernsyn
电视机

blomst
花

pude
垫子

sofa
沙发

vase
花瓶

fjernbetjening
遥控器

gulvtæppe

地毯

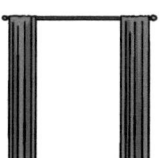

gardin

窗帘

bord

餐桌

stol

椅子

gyngestol

摇椅

lænestol

扶手椅

bog

书

tæppe

毯子

dekoration

装饰品

brænde

木柴

film

电影

stereoanlæg

高保真音响

nøgle

钥匙

avis

报纸

maleri

油画

plakat

海报

radio

收音机

notesblok

笔记本

støvsuger

吸尘器

kaktus

仙人掌

lys

蜡烛

stue - 客厅

køkken
厨房

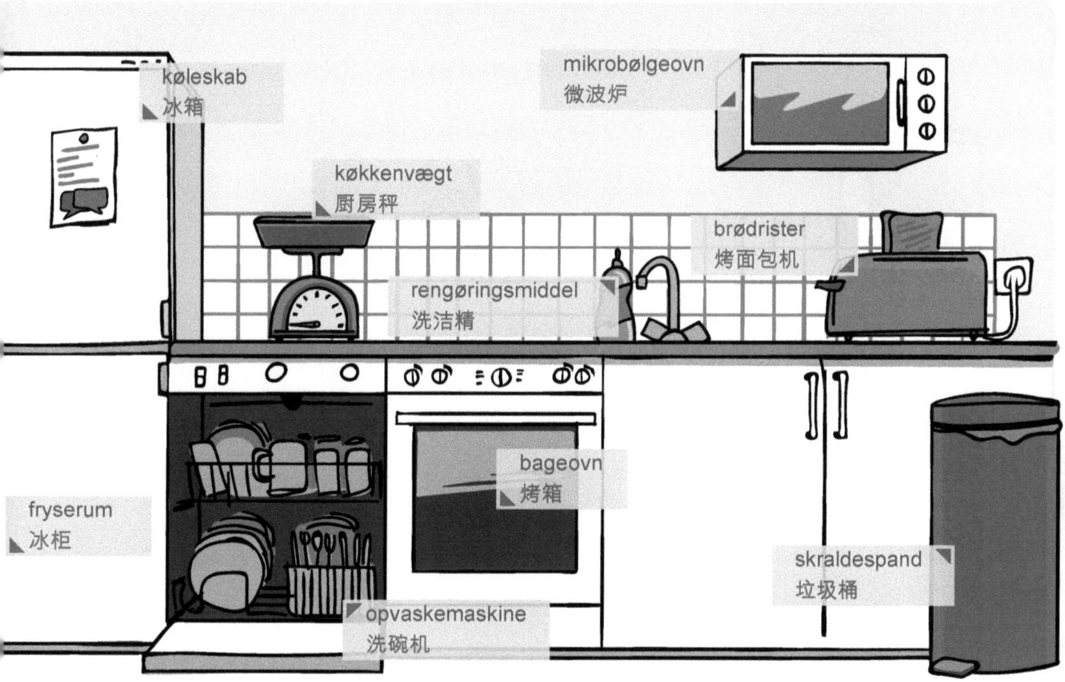

køleskab
冰箱
mikrobølgeovn
微波炉
køkkenvægt
厨房秤
brødrister
烤面包机
rengøringsmiddel
洗洁精
bageovn
烤箱
fryserum
冰柜
skraldespand
垃圾桶
opvaskemaskine
洗碗机

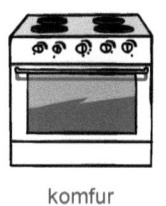

komfur
炊具

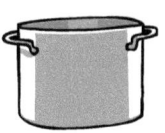

gryde
锅

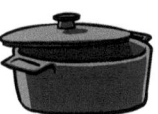

jerngryde
铸铁锅

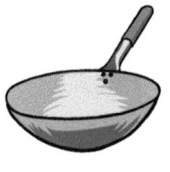

wok / kadai
炒锅

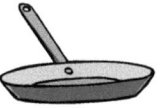

pande
平底锅

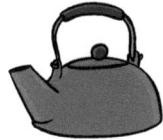

elkedel
水壶

dampkoger

蒸锅

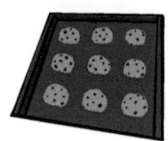

bageplade

烤盘

service

陶瓷锅

bæger

马克杯

skål

碗

spisepinde

筷子

øseske

长柄勺

paletkniv

铲子

piskeris

搅拌器

dørslag

滤网

si

筛子

rive

磨碎机

morter

研钵

grille

烧烤

ildsted

明火

skærebræt

菜板

kagerulle

擀面杖

proptrækker

开瓶器

dåse

罐子

dåseåbner

开罐器

grydelap

隔热手套

køkkenvask

水槽

børste

刷子

svamp

海绵

blender

搅拌机

dybfryser

冷藏箱

sutteflaske

奶瓶

vandhane

水龙头

badeværelse

浴室

radiator
供暖设备
håndklæde
毛巾
brusebad
淋浴
bruserforhæng
浴帘
skumbad
泡沫浴
badekar
浴缸
glas
玻璃杯
vaskemaskine
洗衣机
vandhane
水龙头
fliser
瓷砖
tissepotte
便壶
køkkenvask
水槽

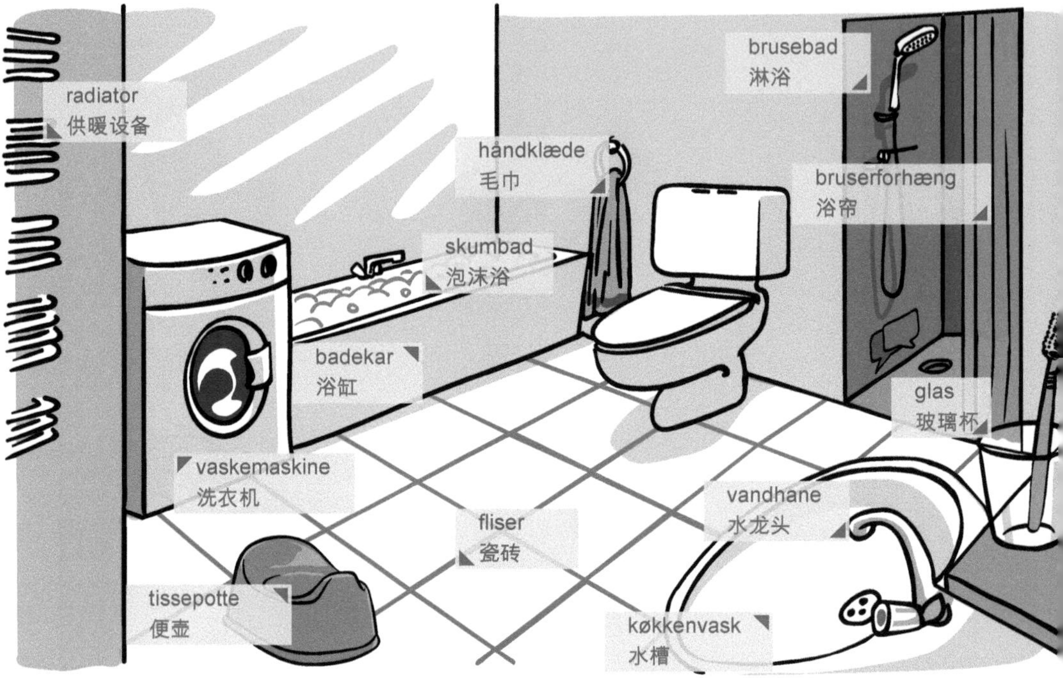

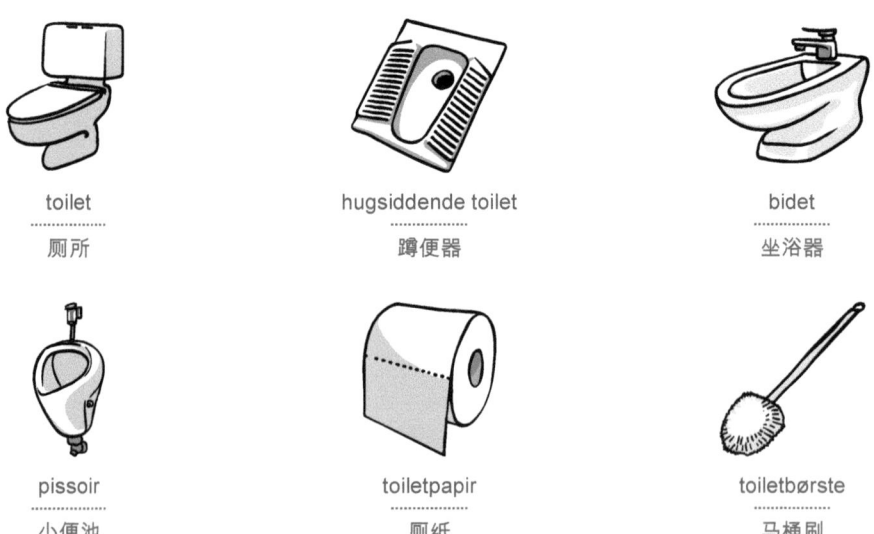

toilet

厕所

hugsiddende toilet

蹲便器

bidet

坐浴器

pissoir

小便池

toiletpapir

厕纸

toiletbørste

马桶刷

tandbørste

牙刷

tandpasta

牙膏

tandtråd

牙线

vaske

洗

håndbruser

手持式喷淋头

intimbruser

冲洗器

vaskefad

洗脸盆

badebørste

擦背刷

sæbe

肥皂

brusegele

沐浴露

shampoo

洗发水

vaskeklud

法兰绒

afløb

排水

creme

乳霜

deodorant

除臭剂

spejl

镜子

kosmetikspejl

手镜

barberhøvl

剃须刀

barberskum

剃须泡沫

barbervand

须后水

kam

梳子

børste

刷子

hårtørrer

吹风机

hårspray

喷发定型剂

makeup

化妆品

læbestift

唇膏

neglelak

指甲油

vat

化妆棉

neglesaks

指甲剪

parfume

香水

toilettaske

洗漱包

skammel

凳子

vægt

计重秤

badekåbe

浴袍

gummihandsker

橡胶手套

tampon

卫生棉条

damebind

卫生巾

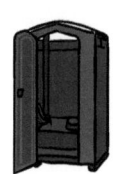

kemisk toilet

化学厕所

børneværelse

儿童房

vækkeur
闹钟
bamse
毛绒玩具
legetøjsbil
玩具车
skralde
拨浪鼓
dukkehus
玩具屋
gave
礼物

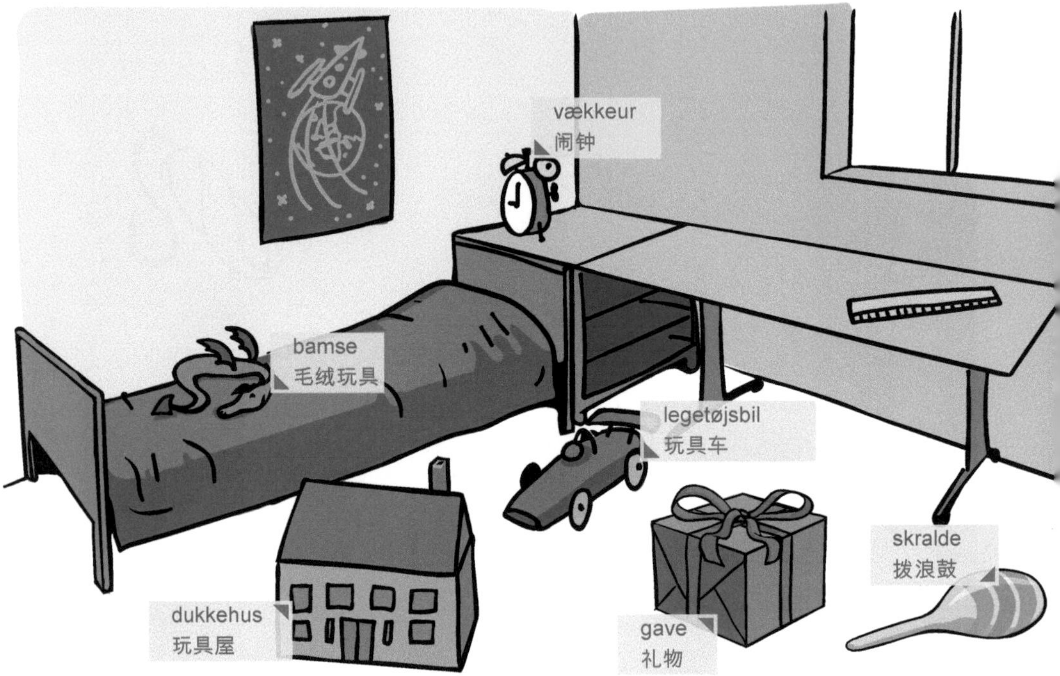

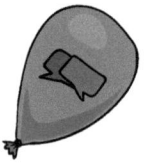

ballon
气球

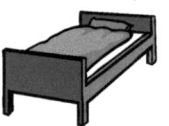

seng
床

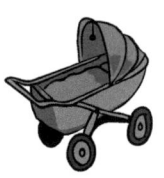

barnevogn
（洋娃娃用）婴儿车

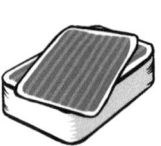

kortspil
扑克牌

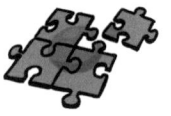

puslespil
拼图

tegneserie
漫画

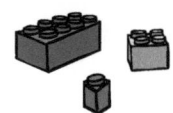

legoklodser

乐高积木

byggeklodser

积木玩具

action figur

玩具人

sparkedragt

婴儿服

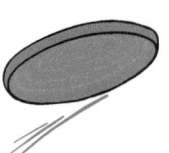

frisbee

飞盘

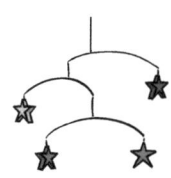

uro

床铃玩具

brætspil

棋盘游戏

terning

骰子

modeljernbane

火车模型

sut

安抚奶嘴

fest

聚会

billedbog

绘本

bold

球

dukke

洋娃娃

lege

玩

sandkasse

沙坑

gynge

秋千

legetøj

玩具

spillekonsol

游戏机

trehjulet cykel

三轮车

bamse

泰迪熊

klædeskab

衣柜

tøj

衣服

sokker

袜子

strømper

长袜

strømpebukser

紧身裤

sjal
围巾

paraply
雨伞

T-shirt
T恤

bælte
皮带

støvler
靴子

hjemmesko
拖鞋

sneakers
运动鞋

sandaler

凉鞋

sko

鞋

gummistøvler

雨靴

underbukser

内裤

BH

胸罩

undertrøje

背心

body
身体

bukser
裤子

jeans
牛仔裤

nederdel
短裙

bluse
女式衬衫

skjorte
衬衫

pullover
套头衫

sweatshirt
卫衣

blazer
西装夹克

jakke
夹克

frakke
外套

regnfrakke
雨衣

kostume
套装

kjole
连衣裙

brudekjole
婚纱

jakkesæt

西装

nattrøje

睡袍

pyjamas

睡衣

sari

莎丽

hovedtørklæde

头巾

turban

包头巾

burka

波卡

kaftan

卡夫坦

abaya

(阿拉伯式)长袍

badedragt

泳衣

badebukser

男式泳裤

korte bukser

短裤

træningsdragt

运动服

forklæde

围裙

handsker

手套

knap

纽扣

briller

眼镜

armbånd

手链

kæde

项链

ring

戒指

ørering

耳环

hue

便帽

bøjle

衣架

hat

帽子

slips

领带

lynlås

拉链

hjelm

头盔

seler

背带

skoleuniform

校服

uniform

制服

hagesmæk

围兜

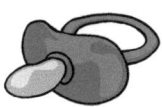

sut

安抚奶嘴

ble

尿不湿

kontor

办公室

server
服务器

arkivskab
文件柜

printer
打印机

papir
纸

skærm
显示屏

skrivebord
办公桌

mus
鼠标

mappe
文件夹

tastatur
键盘

papirkurv
废纸筐

computer
电脑

stol
椅子

kaffekrus

咖啡杯

lommeregner

计算器

internet

因特网

bærbar

笔记本电脑

brev

信件

besked

消息

mobil

手机

netværk

网络

kopimaskine

复印机

software

软件

telefon

电话

stikdåse

插座

fax

传真机

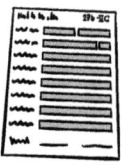

formular

表格

dokument

文件

købe
买

betale
付钱

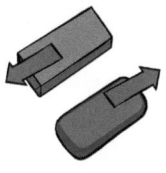

handle
交易

penge
现金

dollar
美元

euro
欧元

yen
日元

rubel
卢布

schweizerfranc
瑞士法郎

renminbi yuan
人民币

rupee
卢比

hæveautomat
提款处

vekselkontor

外币兑换处

guld

金

sølv

银

olie

石油

energi

能源

pris

价格

kontrakt

合同

skat

税金

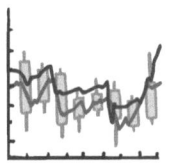

aktie

股票

arbejde

工作

ansat

职员

arbejdsgiver

老板

fabrik

工厂

butik

商店

økonomi - 经济

erhverv
职业

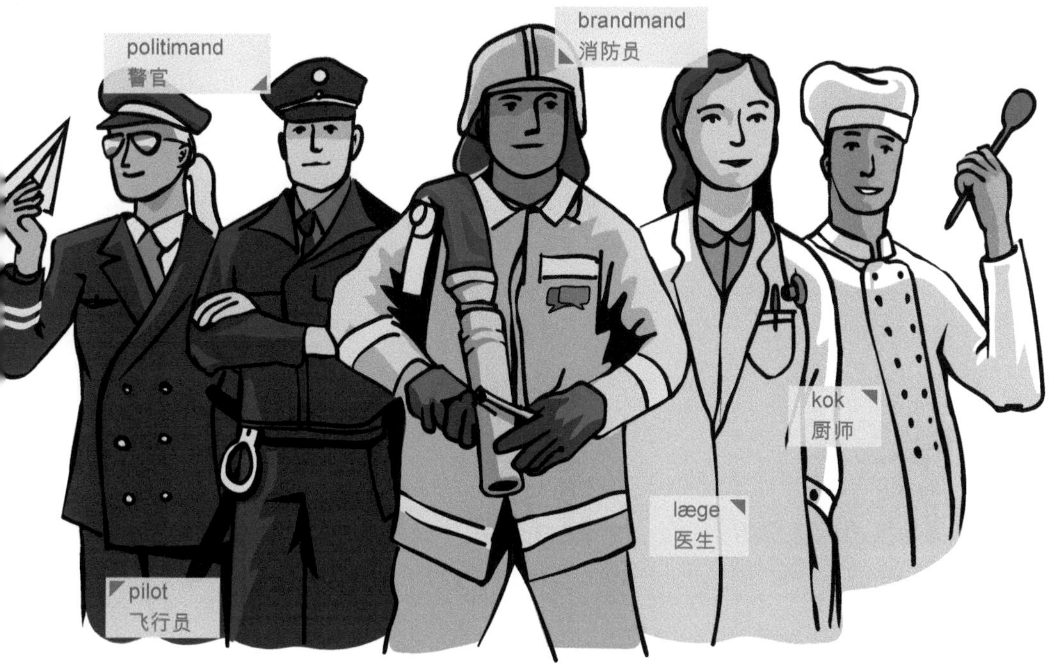
politimand
警官
brandmand
消防员
kok
厨师
læge
医生
pilot
飞行员

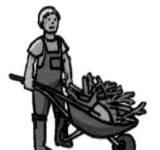

gartner
园丁

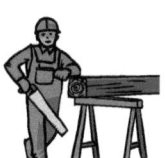

tømrer
木匠

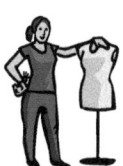

syerske
裁缝

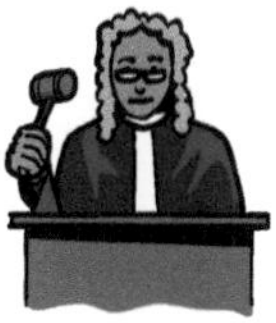

dommer
法官

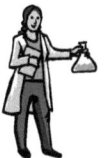

kemiker
化学家

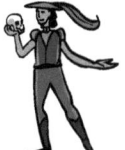

skuespiller
演员

buschauffør

公交车司机

taxachauffør

出租车司机

fisker

渔夫

rengøringskone

清洁女工

tagdækker

屋顶工

tjener

服务员

jæger

猎人

maler

画家

bager

面包师

elektriker

电工

bygningsarbejder

建筑工人

ingeniør

工程师

slagter

屠夫

vvs-mand

水管工

postbud

邮递员

soldat

士兵

arkitekt

建筑师

kasserer

收银员

blomsterhandler

花农

frisør

理发师

togfører

售票员

mekaniker

机械师

kaptajn

船长

tandlæge

牙医

videnskabsmand

科学家

rabbiner

拉比

imam

伊玛目

munk

和尚

præst

牧师

værktøj

工具

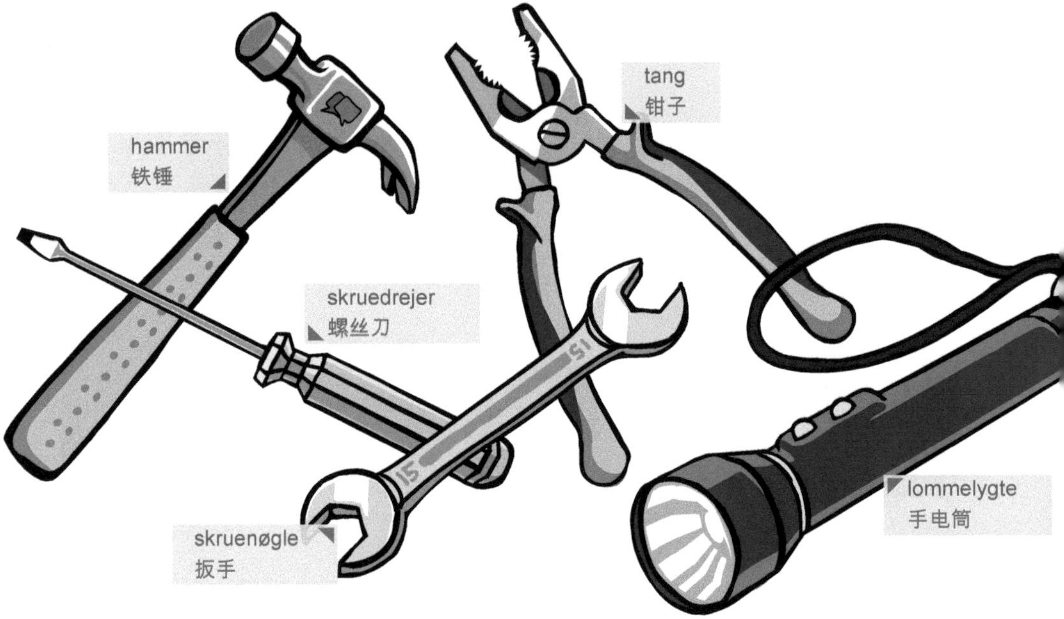

hammer
铁锤
tang
钳子
skruedrejer
螺丝刀
skruenøgle
扳手
lommelygte
手电筒

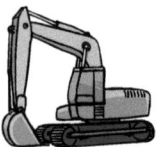

gravemaskine

挖掘机

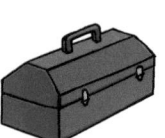

værktøjskasse

工具箱

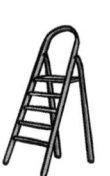

stige

梯子

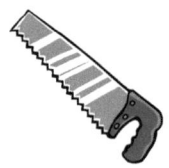

sav

锯子

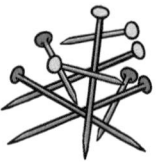

søm

钉子

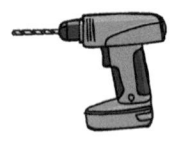

bor

钻机

reparere

修

skovl

铲子

Lort!

靠！

fejebakke

簸箕

malerspand

油漆桶

skruer

螺丝

musikinstrumenter

乐器

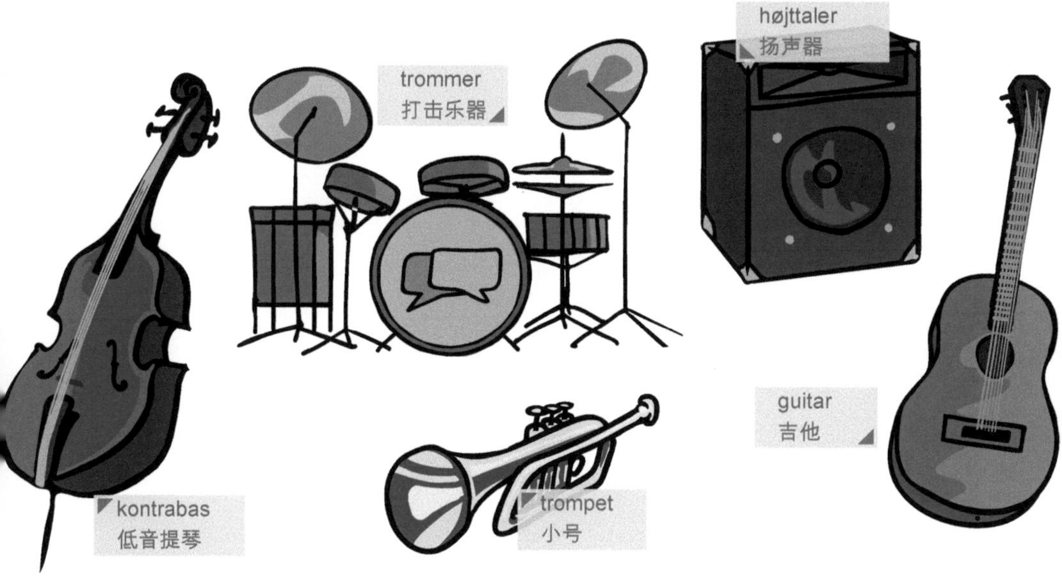

trommer
打击乐器

højttaler
扬声器

guitar
吉他

kontrabas
低音提琴

trompet
小号

klaver

钢琴

violin

小提琴

bas

贝斯

pauke

定音鼓

tromme

鼓

keyboard

电子琴

saxofon

萨克斯管

fløjte

长笛

mikrofon

麦克风

tiger
老虎

indgang
▶ 入口

▶ bur
笼子

zebra
斑马

dyrefoder
动物饲料

panda
熊猫

dyr

动物

elefant

大象

kænguru

袋鼠

næsehorn

犀牛

gorilla

大猩猩

bjørn

熊

kamel

骆驼

struds

鸵鸟

løve

狮子

abe

猴子

flamingo

火烈鸟

papegøje

鹦鹉

isbjørn

北极熊

pingvin

企鹅

haj

鲨鱼

påfugl

孔雀

slange

蛇

krokodille

鳄鱼

dyrepasser

动物园管理员

sæl

海豹

jaguar

美洲豹

pony

矮种马

leopard

豹

flodhest

河马

giraf

长颈鹿

ørn

老鹰

vildsvin

野猪

fisk

鱼

skildpadde

龟

hvalros

海象

ræv

狐狸

gazelle

羚羊

amerikansk football
橄榄球

cykling
骑自行车

tennis
网球

basketball
篮球

svømning
游泳

boksning
拳击

ishockey
冰球

fodbold
英式足球

badminton
羽毛球

atletik
田径

håndbold
手球

skiløb
滑雪

polo
马球

aktiviteter
活动

springe
跳
give et knus
拥抱
grine
笑
gå
走路
synge
唱
drømme
做梦
bede
祈祷
kysse
亲吻

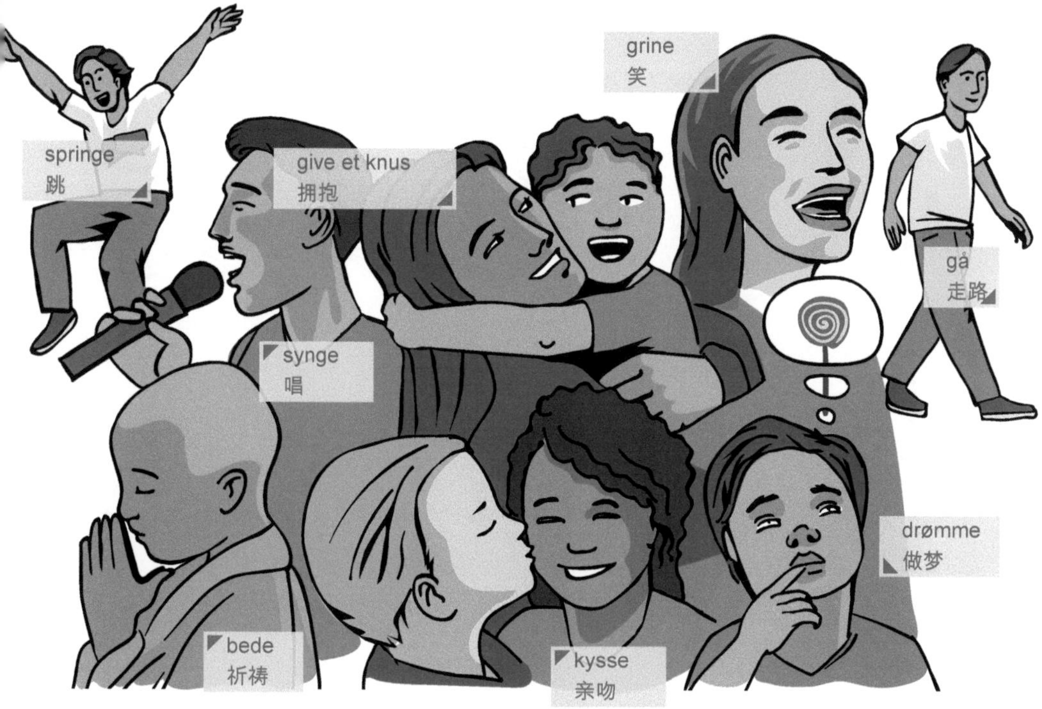

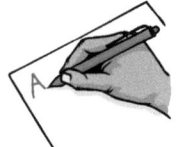

skrive
书写

tegne
画

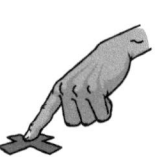

vise
展示

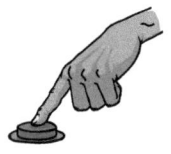

skubbe
推

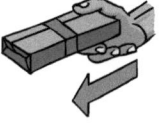

give
给

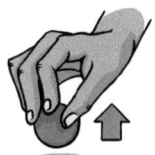

tage
拿

have
有

gøre
做

være
当

stå
站

løbe
跑

trække
拉

kaste
扔

falde
摔倒

ligge
躺

vente
等待

bære
携带

sidde
坐

tage på
穿衣

sove
睡觉

vågne
醒来

se på

看

græde

哭

ae

抚摸

kæmme

梳头

tale

交谈

forstå

明白

spørge

问

høre

听

drikke

喝

spise

吃

rydde op

清理

elske

爱

koge

做饭

køre

开车

flyve

飞

sejle

航行

regne

计算

læse

读

lære

学习

arbejde

工作

gifte sig med

结婚

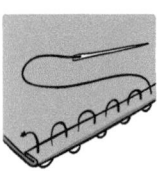

sy

缝

børste tænder

刷牙

dræbe

杀

ryge

抽烟

sende

寄

bedstemor
祖母

bedstefar
祖父

far
父亲

mor
母亲

baby
婴童

datter
女儿

søn
儿子

gæst

客人

tante

阿姨

onkel

叔叔

bror

兄弟

søster

姐妹

krop

身体

pande
前额
øje
眼睛
skulder
肩膀
finger
手指
ansigt
脸
hage
下巴
hånd
手
ben
腿
bryst
乳房
arm
手臂

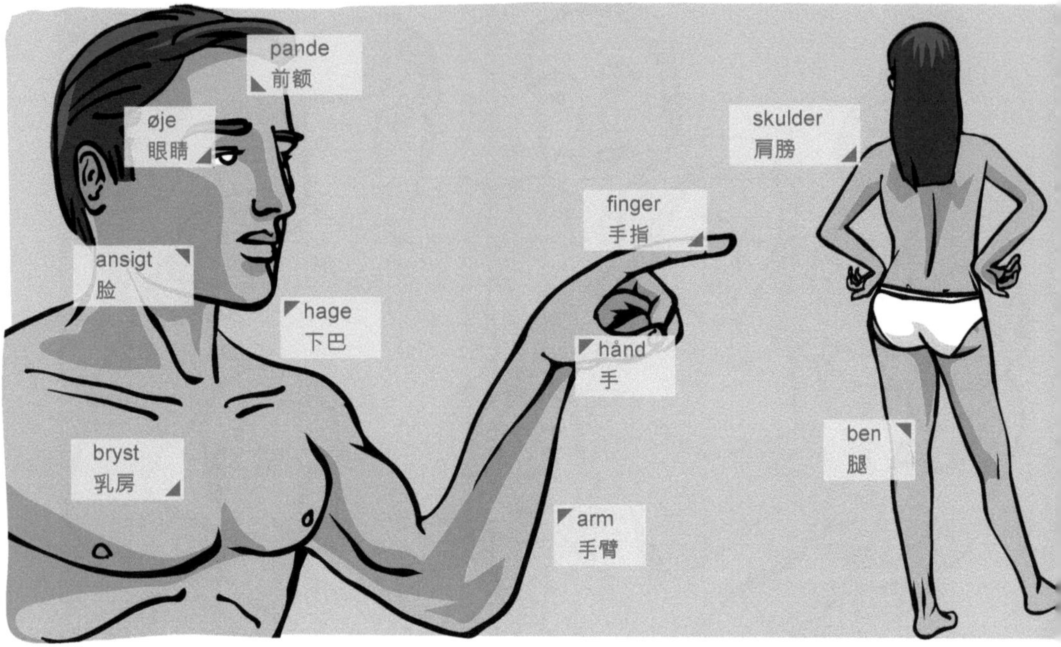

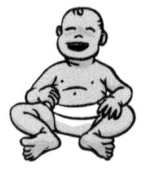

baby
婴童

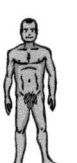

mand
男人

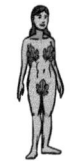

kvinde
女人

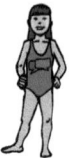

pige
女孩

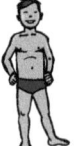

dreng
男孩

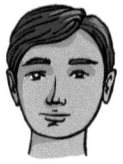

hoved
头

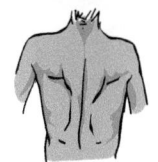

ryg

背部

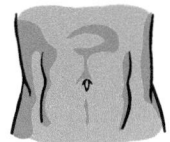

mave

肚子

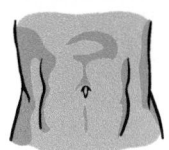

navle

肚脐

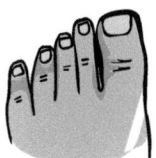

tå

脚趾

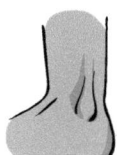

hæl

脚后跟

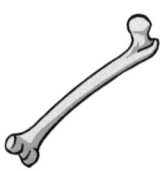

knogle

骨头

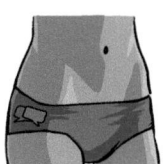

hofte

臀部

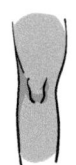

knæ

膝盖

albue

手肘

næse

鼻子

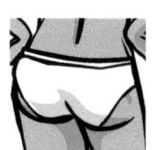

bagdel

屁股

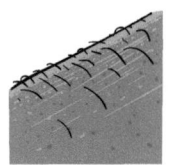

hud

皮肤

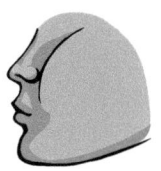

kind

脸颊

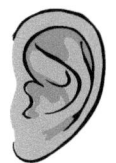

øre

耳朵

læbe

嘴唇

mund

嘴

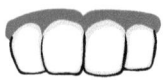

tand

牙齿

tunge

舌头

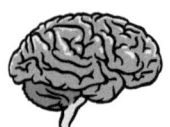

hjerne

脑

hjerte

心脏

muskel

肌肉

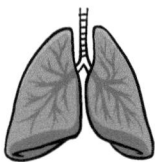

lunge

肺

lever

肝脏

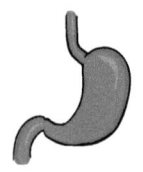

mavesæk

胃

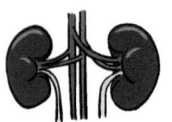

nyrer

肾脏

sex

性交

kondom

避孕套

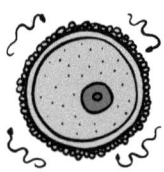

ægcelle

卵子

sperm

精子

svangerskab

怀孕

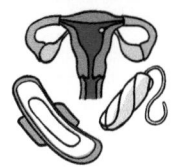

menstruation

月经

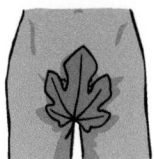

vagina

阴道

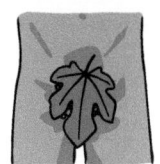

penis

阴茎

øjenbryn

眉毛

hår

头发

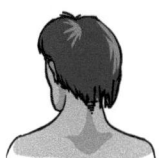

hals

脖子

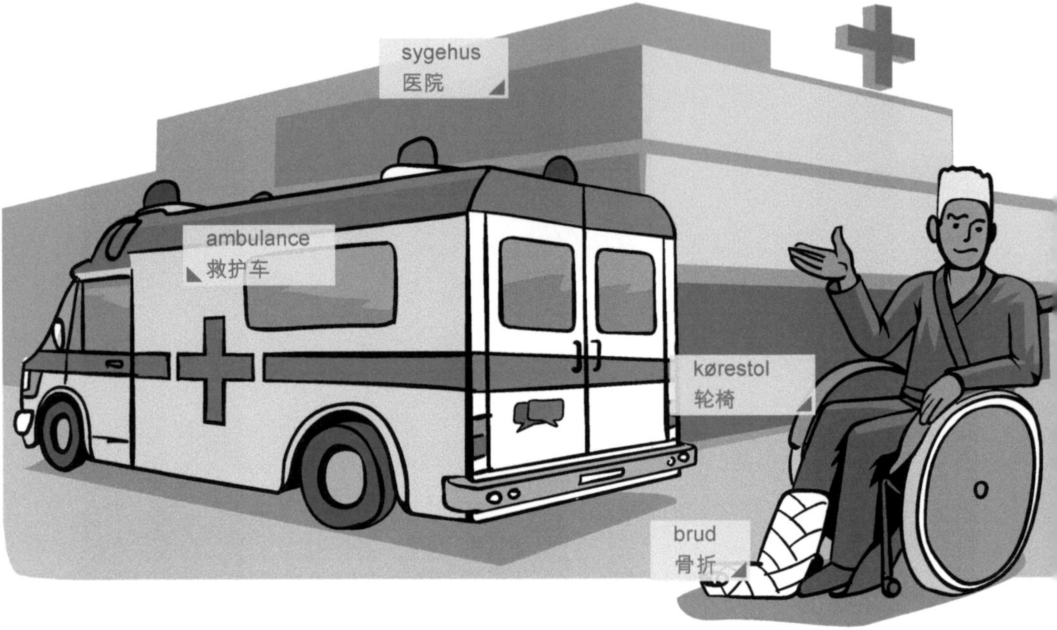

sygehus
医院

ambulance
救护车

kørestol
轮椅

brud
骨折

læge

医生

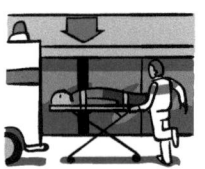

akutmodtagelse

急诊室

sygeplejerske

护士

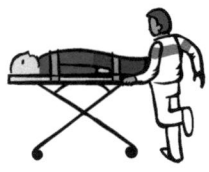

nødstilfælde

紧急情况

bevidstløs

昏迷

smerte

痛

skade

受伤

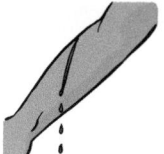

blødning

出血

hjerteinfarkt

心脏病发作

slagtilfælde

中风

allergi

过敏

hoste

咳嗽

feber

发烧

influenza

流感

diarré

腹泻

hovedpine

头痛

kræft

癌症

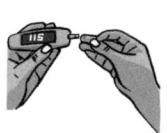

diabetes

糖尿病

kirurg

外科医生

skalpel

手术刀

operation

手术

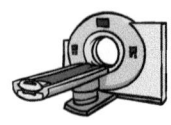

CT

CT

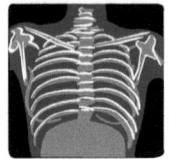

røntgen

X光

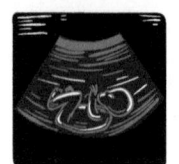

ultralyd

超声波

maske

口罩

sygdom

疾病

venteværelse

候诊室

krykke

拐杖

plaster

石膏

forbinding

绷带

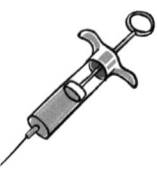

injektion

注射

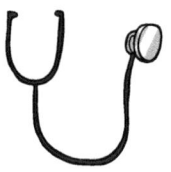

stetoskop

听诊器

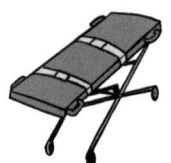

båre

担架

termometer

体温计

fødsel

出生

overvægt

超重

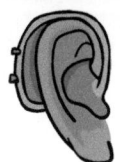

høreapparat

助听器

desinficerende middel

消毒液

infektion

感染

virus

病毒

HIV / AIDS

艾滋病

medicin

药物

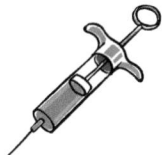

vaccination

接种疫苗

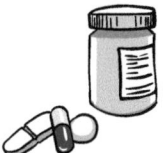

tabletter

药片

pille

药丸

nødopkald

急救电话

blodtryksmåler

血压计

syg / rask

生病/健康

Hjælp!

救命！

alarm

警报

overfald

突击

angreb

攻击

fare

危险

nødudgang

紧急出口

Det brænder!

着火啦！

ildslukker

灭火器

uheld

意外

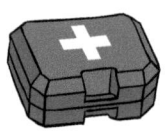

førstehjælps-kuffert

急救箱

SOS

呼救信号

politi

警察

Europa

欧洲

Nordamerika

北美洲

Sydamerika

南美洲

Afrika

非洲

Asien

亚洲

Australien

澳洲

Atlanterhavet

大西洋

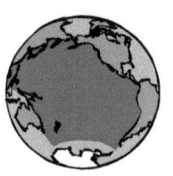

Stillehavet

太平洋

Indiske Ocean

印度洋

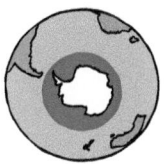

Sydlige Ishav

南冰洋

Ishav

北冰洋

Nordpol

北极

Sydpol

南极

Antarktis

南极洲

Jorden

地球

land

陆地

hav

海

ø

岛

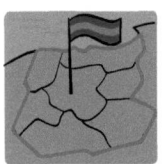

nation

国家

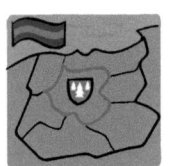

stat

国家

urskive

钟面

timeviser

时针

minutviser

分针

sekundviser

秒针

Hvad er klokken?

现在几点？

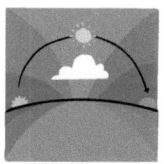

dag

天

tid

时间

nu

现在

digitalur

电子表

minut

分

time

时

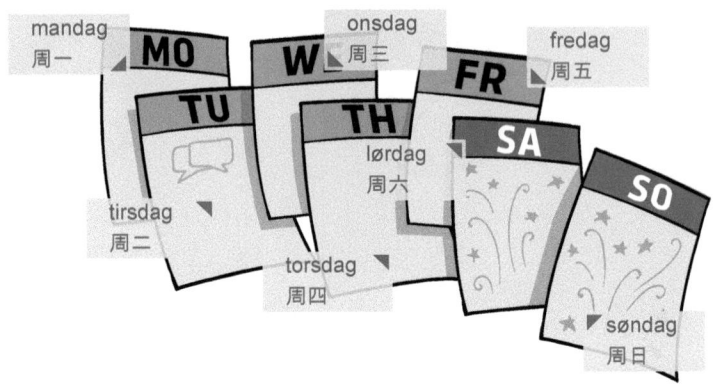

mandag 周一
tirsdag 周二
onsdag 周三
torsdag 周四
fredag 周五
lørdag 周六
søndag 周日

i går

昨天

i dag

今天

i morgen

明天

morgen

早晨

middag

中午

aften

晚上

arbejdsdage

工作日

weekend

周末

regn
雨

regnbue
彩虹

vind
风

sne
雪

forår
春

efterår
秋

sommer
夏

vinter
冬

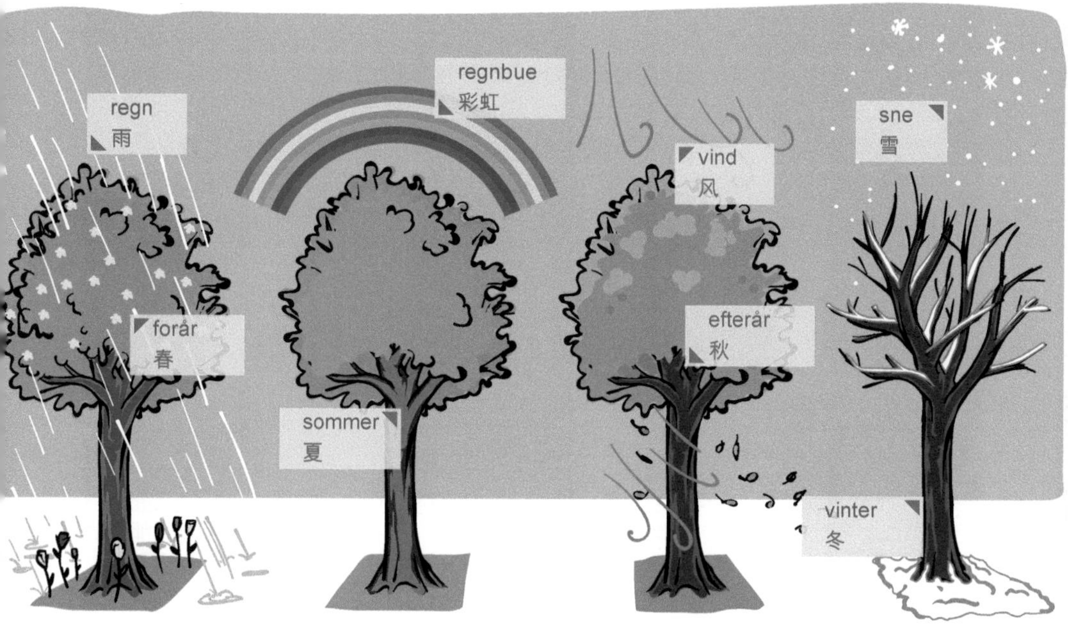

vejrudsigt

天气预报

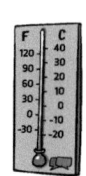

termometer

温度计

solskin

阳光

sky

云

tåge

雾

luftfugtighed

潮湿

lyn

闪电

torden

打雷

storm

风暴

hagl

冰雹

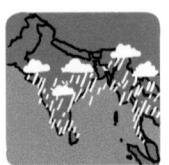

monsun

季风

flod

洪水

is

冰

januar

一月

februar

二月

marts

三月

april

四月

maj

五月

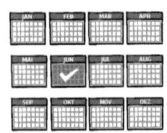

juni

六月

juli

七月

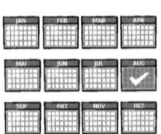

august

八月

september

九月

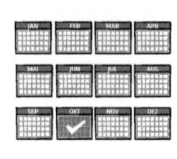

oktober

十月

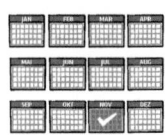

november

十一月

december

十二月

former

形状

cirkel

圆形

kvadrat

正方形

firkant

长方形

trekant

三角形

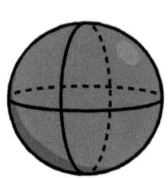

kugle

球体

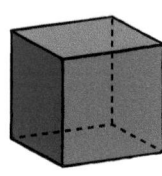

terning

立方体

hvid
·········
白

gul
·········
黄

orange
·········
橙

pink
·········
粉

rød
·········
红

lilla
·········
紫

blå
·········
蓝

grøn
·········
绿

brun
·········
棕

grå
·········
灰

sort
·········
黑

meget / lidt
....
很多/少许

rasende / fredelig
....
生气/平静

smuk / grim
....
美/丑

begyndelse / slut
....
首/尾

stor / lille
....
大/小

lys / mørk
....
明/暗

bror / søster
....
兄弟/姐妹

ren / snavset
....
干净/肮脏

fuldkommen / ufuldkommen
....
完整/缺失

dag / nat
....
白天/晚上

død / levende
....
死/生

bred / smal
....
宽/窄

spiselig / uspiselig

可食用/非食用

vred / venlig

邪恶/善良

ophidset / kedet

兴奋/无聊

tyk / tynd

胖/瘦

først / sidst

第一/最后

ven / fjende

朋友/敌人

fuld / tom

满/空

hård / blød

硬/软

tung / let

重/轻

sult / tørst

饿/渴

syg / rask

生病/健康

illegal / legal

非法/合法

intelligent / dum

聪明/愚笨

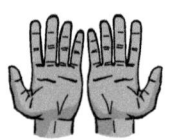

venstre / højre

左/右

nær / fjern

近/远

ny / brugt

新/旧

intet / noget

没有/有些

gammel / ung

老/幼

tændt / slukket

开/关

åben / lukket

打开/合上

stille / højt

安静/吵闹

rig / fattig

富/穷

rigtig / forkert

对/错

ru / glat

粗糙/光滑

ked af det / lykkelig

伤心/高兴

kort / lang

短/长

langsom / hurtig

慢/快

våd / tør

湿/干

varm / kold

温暖/凉爽

krig / fred

战争/和平

0

nul

零

1

en

一

2

to

二

3

tre

三

4

fire

四

5

fem

五

6

seks

六

7

syv

七

8

otte

八

9

ni

九

10

ti

十

11

elleve

十一

12
tolv

十二

13
tretten

十三

14
fjorten

十四

15
femten

十五

16
seksten

十六

17
sytten

十七

18
atten

十八

19
nitten

十九

20
tyve

二十

100
hundrede

百

1.000
tusinde

千

1.000.000
million

百万

engelsk

英语

amerikansk engelsk

美式英语

kinesisk mandarin

普通话

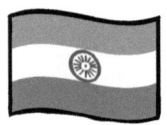

hindi

印地语

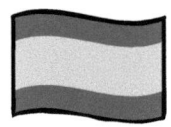

spansk

西班牙语

fransk

法语

arabisk

阿拉伯语

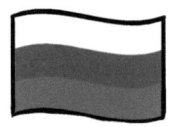

russisk

俄语

portugisisk

葡萄牙语

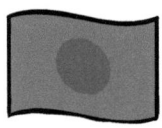

bengalsk

孟加拉语

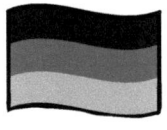

tysk

德语

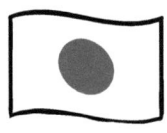

japansk

日语

jeg

我

du

你

han / hun / den / det

他/她/它

vi

我们

I

你们

de

他们

hvem?

谁？

hvad?

什么？

hvordan?

怎样？

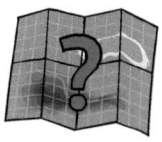

hvor?

哪里？

hvornår?

什么时候？

navn

名字

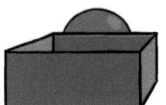

bag

后面

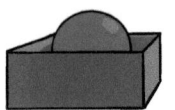

i

里面

foran

前面

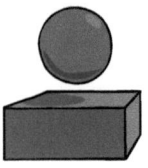

over

上方

på

上面

under

下面

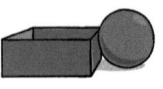

ved siden af

旁边

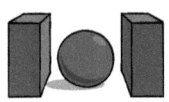

imellem

中间

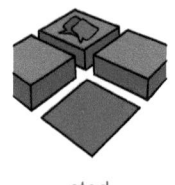

sted

地点